工伤保险知识手册

人力资源和社会保障部工伤保险司 编

中国劳动社会保障出版社

图书在版编目（CIP）数据

工伤保险知识手册/人力资源和社会保障部工伤保险司编.—北京：中国劳动社会保障出版社，2016
ISBN 978-7-5167-2474-3

Ⅰ.①工… Ⅱ.①人… Ⅲ.①工伤保险-基本知识-中国 Ⅳ.①F842.61

中国版本图书馆 CIP 数据核字（2016）第 049248 号

版权专有　侵权必究
如有印装差错，请与本社联系调换：（010）50948191
我社将与版权执法机关配合，大力打击盗印、销售和使用盗版图书活动，敬请广大读者协助举报，经查实将给予举报者奖励。
举报电话：（010）64954652

出版发行	中国劳动社会保障出版社
地　　址	北京市惠新东街 1 号
邮政编码	100029
印刷装订	中国铁道出版社印刷厂
经　　销	新华书店

开　　本	787 毫米 × 1092 毫米　48 开本
印　　张	1.5
字　　数	32 千字
版　　次	2016 年 3 月第 1 版
印　　次	2016 年 3 月第 1 次印刷
定　　价	6.00 元

读者服务部电话：（010）64929211/64921644/84626437
营销部电话：（010）64961894
出版社网址：http://www.class.com.cn

前言
Preface

《中华人民共和国宪法》明确规定：中华人民共和国公民在年老、疾病或者丧失劳动能力的情况下，有从国家和社会获得物质帮助的权利。国家发展为公民享受这些权利所需要的社会保险、社会救济和医疗卫生事业。社会保险是国家通过立法确立的社会保障制度，具有强制性的特征。《中华人民共和国社会保险法》规定：国家建立基本养老保险、基本医疗保险、工伤保险、失业保险、生育保险等社会保险制度，保障公民在年老、疾病、工伤、失业、生育等情况下依法从国家和社会获得物质帮助的权利。

工伤保险是指劳动者在生产经营活动中或在规定的某些特殊情况下所遭受意外伤害，或是患职业病，以及因上述原因造成死亡、暂时或永久丧失劳动能力时，劳动者及其供养亲属（遗属）能够从国家、社会得到必要的物质补偿。2003年4月27日，《工伤保险条例》以中华人民共和国国务院令第375号公布，自2004年1月1日起施行。2010年12月20日，在总结实践经验的基础上，中华人民共和国国务院令第586号公布了《国务院关于修改〈工伤保险条例〉的决定》，新条例自2011年1月1日起施行。

  为了推动工伤保险事业的发展，深入贯彻落实《工伤保险条例》的宣传与教育工作，我司组织编写了《工伤保险知识手册》。本手册内容共分两部分：第一部分是工伤保险知识，包括必须依法参加工伤保险、工伤预防、工伤认定、劳动能力鉴定和工伤保险待遇；第二部分是工伤保险知识学习测试题，设有20道知识测试题和参考答案，便于读者巩固对知识学习的效果。希望本手册能为广大劳动者了解自身有关的法律权益和义务，熟悉工伤保险和工伤保障权益，提高工伤事故预防和应对处理能力提供帮助。

人力资源和社会保障部工伤保险司

2016年3月

目录
Contents

第一部分 工伤保险知识

一、必须依法参加工伤保险 / 1

1. 什么是工伤和工伤保险？ /1
2. 目前国家工伤保险制度的立法形式是什么？ /2
3. 参加工伤保险有什么好处？ /4
4. 哪些单位必须为职工依法参加工伤保险？ /5
5. 参加工伤保险，职工个人需要缴费吗？ /6
6. 建筑业等流动性大的单位职工如何参加工伤保险？ /7
7. 单位或者个人骗取工伤保险待遇会受到怎样的处罚？ /8
8. 职工发生工伤后该怎么办？ /9
9. 工伤职工可以通过哪些方式维权？ /11
10. 如何联系社保部门咨询或者处理社保问题？ /12

二、工伤预防 / 13

11. 什么是工伤事故？/13
12. 什么是职业病？/14
13. 什么是工伤预防？/15
14. 为什么要做好工伤预防？/15
15. 职工在签订的劳动合同中应注意哪些工伤预防事项？/17
16. 职工有哪些工伤预防的法定权利？/18
17. 职工有哪些工伤预防和工伤保险的法定义务？/20
18. 职工发生工伤事故，用人单位应当采取哪些紧急措施？/21

三、工伤认定 / 23

19. 哪些情形应当认定为工伤？/23
20. 哪些情形可以视同工伤？/24
21. 哪些情形不得认定为工伤或视同工伤？/25
22. 应当由谁提出工伤认定申请？/26
23. 应当在什么时间范围内提出工伤认定申请？/27
24. 应当向哪个部门提出工伤认定申请？/28
25. 提出工伤认定申请应当提交哪些材料？/29

26. 应当如何配合工伤认定受理部门的调查核实？ /30
27. 提出工伤认定申请后多久能作出认定决定？ /31
28. 医疗诊断证明或者职业病诊断证明书有哪些要求？ /32
29. 什么是与用人单位存在劳动关系（包括事实劳动关系）的证明材料？职工个人无法提交怎么办？ /33
30. 对工伤认定决定不服怎么办？ /34

四、劳动能力鉴定 / 36

31. 什么情况下应当进行劳动能力鉴定？ /36
32. 劳动能力鉴定的等级是如何划分的？ /37
33. 应当由谁提出劳动能力鉴定申请？ /38
34. 申请人应向哪个部门提出劳动能力鉴定申请？ /39
35. 提出劳动能力鉴定申请应该提交哪些材料？ /40
36. 申请人多久会获得劳动能力鉴定结论？ /41
37. 对劳动能力鉴定结论不服怎么办？ /42
38. 工伤伤残更加严重了怎么办？ /43

五、工伤保险待遇 / 45

39. 工伤后就医有什么要求？费用报销有什么

要求？/45

40. 参保工伤职工医疗期间能享受哪些待遇？/46

41. 参保工伤职工劳动能力鉴定后有哪些一次性待遇？/48

42. 参保工伤职工劳动能力鉴定后可以定期获得哪些长期待遇？/49

43. 一至四级伤残职工有哪些工伤待遇？/50

44. 五至六级伤残职工有哪些工伤待遇？/51

45. 七至十级伤残职工有哪些工伤待遇？/53

46. 职工因工死亡有哪些待遇？/54

47. 职工因工下落不明有哪些待遇？/55

48. 所在企业破产了，工伤职工相关待遇怎么办？/56

49. 职工工伤复发和再次发生工伤有哪些待遇？/56

50. 哪些情形下应当停止享受工伤待遇？/58

第二部分 工伤保险知识测试题

一、试题 / 59

二、参考答案 / 64

一、必须依法参加工伤保险

1. 什么是工伤和工伤保险？

工伤，又称"工作伤害""职业伤害"，是指劳动者在从事职业活动或者与职业责任有关的活动时所遭受的事故伤害和职业病伤害。工伤需要通过法律法规程序进行认定。

工伤保险又称职业伤害保险，是我国社会保障制度之一。是指劳动者在生产经营活动中或在规定的某些特殊情况下所遭受的意外伤害，或是患职业病，以及因这两种情况造成死亡、暂时或永久丧失劳动能力时，劳动者及其供养亲属（遗属）能够从国家、社会得到必要的物质补偿。这种补偿既包括医疗、康复所需,也包括生活保障所需。

2. 目前国家工伤保险制度的立法形式是什么?

《中华人民共和国宪法》明确规定:中华人民共和国公民在年老、疾病或者丧失劳动能力的情况下,有从国家和社会获得物质帮助的权利。国家发展为公民享受这些权利所需要的社会保险、社会救济和医疗卫生事业。

第一部分 工伤保险知识

　　社会保险是国家通过立法确立的社会保障制度，具有强制性的特征，因此必须执行。为了规范社会保险关系，维护公民参加社会保险和享受社会保险待遇的合法权益，使公民共享发展成果，促进社会和谐稳定，国家根据宪法制定了《中华人民共和国社会保险法》，规定国家建立基本养老保险、基本医疗保险、工伤保险、失业保险、生育保险等社会保险制度，用来保障公民在年老、疾病、工伤、失业、生育等情况下，能够依法从国家和社会获得物质帮助。

2003年4月27日，《工伤保险条例》

以中华人民共和国国务院令第375号公布，自2004年1月1日起施行。2010年12月20日，在总结实践经验的基础上，中华人民共和国国务院令第586号公布了《国务院关于修改〈工伤保险条例〉的决定》，新条例自2011年1月1日起施行。

3. 参加工伤保险有什么好处？

已经参加工伤保险的职工发生工伤后，不仅可以按照《工伤保险条例》的规定及时、足额享受由工伤保险基金发放的各项工伤保险待遇，而且在相关部门的监管、督促下，能有效保障工伤职工及时、足额获得条例规定的各项待遇，包括获得从工伤保险基金长期领取的待遇，从而解决职工工伤后维权困难、待遇

落实难、长期待遇得不到保障等问题。

4. 哪些单位必须为职工依法参加工伤保险？

凡是在中华人民共和国境内的企业、事业单位、社会团体、民办非企业单位、基金会、律师事务所、会计师事务所等组织和有雇工的个体工商户（以下称"用人单位"），都要依照法律的规定参加工伤保险，为本单位全部职工或者雇工（以下称"职工"）依法参加工伤保险，缴纳工伤保险费。

如果用人单位按照法律规定应当参加工伤保险却没有参加，政府的社会保险行政部门会责令其限期参加，补缴工伤保险费，并且追加保险费的滞纳金；对逾期仍然不参保缴费的,并处罚款。没有依法参加工伤保险的用人单位职工发生工伤,工伤职工的医疗、待遇等费用都由该用人单位承担。

5. 参加工伤保险,职工个人需要缴费吗?

根据《中华人民共和国社会保险法》第三十三条、《工伤保险条例》第十条的规定,职工参加工伤保险,所有费用由用人单位缴纳,职工个人不缴费。

如果有的职工不是全日制从业人员,他同时在两个或者两个以上用人单位就业,那么他就业的各个单位都要分别为职工缴纳工伤保险费。如果这样的职工发生了工伤，工伤保险责任由他正在工作时的受到伤害的单位负责。

6. 建筑业等流动性大的单位职工如何参加工伤保险？

根据国家法律法规，像建筑企业这类使用农民工较多、职工流动性大的企业，因为职工工伤维权能力弱、工伤待遇落实难等问题，国家要求用人单位有义务为每个职工参加工伤保险。

针对建筑行业的特点，建筑施工企业相对固定的职工，应按用人单位参加工伤保险；

对不能按用人单位参保、建筑项目使用的建筑业职工特别是农民工，按项目参加工伤保险。

按照用人单位参保的建筑施工企业应以工资总额为基数依法缴纳工伤保险费。以建设项目为单位参保的，可以按照项目工程总造价的一定比例计算缴纳工伤保险费。

对未提交参加工伤保险证明的建设项目，视为安全生产措施落实不到位，住建部门不予核发施工许可证。

7. 单位或者个人骗取工伤保险待遇会受到怎样的处罚？

用人单位、工伤职工或者其近亲属提供虚假材料或者证明，用来骗取工伤保险待遇，医疗机构、辅助器具配置机构骗取工伤保险基金支出的，政府社会保险行政部门会责令退还，

并且会按照骗取金额的2倍以上5倍以下处以罚款；情节严重的，一旦构成犯罪，就会由司法机关依法追究刑事责任。

8. 职工发生工伤后该怎么办？

发生事故后处理简要流程图

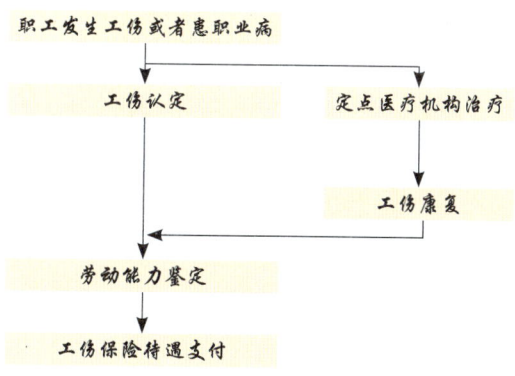

简要办事提示

（1）工伤认定。用人单位应当自事故伤害发生之日或者被诊断、鉴定为职业病之日起30日内，工伤职工或者其近亲属、工会组织在事故伤害发生之日或者被诊断、鉴定为职业病之日起1年内，应向统筹地区社会保险行政部门提出工伤认定申请，并按照《工伤保险条例》第十八条规定，提交相关申请材料，具体包括：工伤认定申请表、与用人单位存在劳动关系（包括事实劳动关系）的证明材料、医疗诊断证明或者职业病诊断证明书（或者职业病诊断鉴定书）等。

（2）工伤医疗。职工因工作遭受事故伤害或者患职业病进行治疗，享受工伤医疗待遇。职工治疗工伤应当在签订服务协议的医疗机构就医，情况紧急时可以先到就近的医疗机构急救。参保工伤职工治疗工伤所需费用按规定从工伤保险基金支付。

（3）工伤康复。工伤职工到签订服务协议的医疗机构进行工伤康复的费用，符合规定的，从工伤保险基金支付。

（4）劳动能力鉴定。职工发生工伤，经治疗伤情相对稳定后存在残疾、影响劳动能力的，应当进行劳动能力鉴定。劳动能力鉴定由用人单位、工伤职工或者其近亲属向设区的市级劳动能力鉴定委员会提出申请，并提供工伤认定决定和职工工伤医疗的有关资料。

（5）工伤保险待遇。已经参加工伤保险的职工受到事故伤害或者经诊断、鉴定为职业病经认定为工伤后，按照《工伤保险条例》规定享受各项工伤保险待遇。

工伤保险待遇包括工伤医疗期间待遇、工伤医疗终结后一次性发放的待遇、工伤医疗终结后定期发放的待遇及因工死亡待遇等。

9. 工伤职工可以通过哪些方式维权？

（1）劳动仲裁。根据《工伤保险条例》规定，职工与用人单位发生工伤待遇方面的争议，按照处理劳动争议有关规定处理。

（2）行政复议。根据《中华人民共和国行政复议法》规定，对受理决定或认定决定不服的，自收到决定书之日起60日内向上级行政机关提起行政复议。

（3）行政诉讼。依据《中华人民共和国行政诉讼法》规定，对受理决定或认定决定不服的，自收到决定书之日起6个月内向人民法院提起行政诉讼。

对工伤行政复议决定不服的，自收到诉讼决定之日起15日内向人民法院提起上诉。

10. 如何联系社保部门咨询或者处理社保问题？

请拨打人力资源和社会保障服务电话"12333"。

也可以直接前往当地的人力资源和社会保障行政部门的服务窗口，现场咨询或办理相关业务。

第一部分 工伤保险知识

二、工伤预防

11. 什么是工伤事故？

工伤事故是指用人单位的职工在工作时间、工作场合内，因工作原因所遭受的人身伤亡的突发性伤害事故。根据《工伤保险条例》，工伤事故伤害还包括由于短期或较长时间范围内因工作环境罹患职业病。

12. 什么是职业病？

根据《中华人民共和国职业病防治法》，职业病是指企业、事业单位和个体经济等用人单位的劳动者在职业活动中，因为接触粉尘、放射性物质和其他有毒、有害因素而引起的疾病。

我国法定的职业病的分类和目录具体可查询国家卫生和计划生育委员会、人力资源和社会保障部、国家安全生产监督管理总局、中华全国总工会四部门联合印发的《职业病分类和目录》(国卫疾控发〔2013〕48号)。

13. 什么是工伤预防?

工伤预防是指采用经济、管理和技术等手段,事先防范工伤事故以及职业病的发生,改善和创造有利于安全、健康的工作条件,减少工伤事故以及职业病的隐患,保护劳动者在劳动过程中的安全、健康。工伤预防的目的是从源头上减少和避免工伤事故和职业病的发生,实现"零工伤""零伤害"的最终目标。

14. 为什么要做好工伤预防?

工伤预防工作是社会保障、工伤保险的重要组成部分,做好工伤预防可以实现以下主要目标:

(1)有效防治职业伤亡。工伤事故和职业病对人民生命和健康造成极大伤害,而现有事故中多数是可以通过做好预防工作,加强安全管理而避免的。因此,工伤预防是对劳动者的安全健康最好的保障之一。

(2)减少财力物力支出。做好工伤预防工作,可以大大减少因事故而造成的救治、康复费用及经济补偿等经济支出,使工伤保险基金的使用进入有效的良性循环。

(3)有利于企业发展和促进社会稳定。工伤预防工作尤其需要有"红线意识",因为它关系到社会的和谐稳定,关系到企业的经营发展,关系到职工的身心安全健康,最能体现以人为本的理念,能从源头避免工伤事故的发生。做好工伤预防工作,可以有效促进社会和谐、经济发展、家庭幸福。

15. 职工在签订的劳动合同中应注意哪些工伤预防事项？

职工在上岗前应和用人单位依法签订劳动合同，建立明确的劳动关系，确定双方的权利和义务。在工伤预防方面，签订劳动合同时应注意两个方面的问题：第一，在合同中一定要明确载明保障从业人员劳动安全、防止职业病危害的事项；第二，要明确要求给予办理工伤保险等事项。

遇有如下的合同不要签：

（1）"生死合同"。在有危险性因素较

高的行业，用人单位往往在合同中写上一些逃避责任的条款，典型的如"发生伤亡事故，单位概不负责"。

（2）"暗箱合同"。这类合同只从用人单位的利益出发，隐瞒工作过程中的职业危害或者采取欺骗手段。

（3）"霸王合同"。这类合同只强调用人单位的利益，无视职工依法享有的权益，采用格式化合同，不容职工提出不同意见，甚至规定"本合同条款由用人单位解释"等。

（4）"卖身合同"。这类合同要求职工完全听从用人单位安排，用人单位可以任意加班加点，强迫劳动，使职工完全失去人身自由。

（5）"双面合同"。一些用人单位在与职工签订合同时准备了两份合同：一份是假合同，用来应付有关部门检查；一份是真合同，用来约束职工。

16. 职工有哪些工伤预防的法定权利？

职工工作过程中，为了避免工伤事故的发生，依法享有工伤预防的权利，主要体现在以下几个方面：

（1）有权获得劳动安全卫生的教育和培训，了解所从事的工作可能对身体健康造成的危害和可能造成事故发生的危险因素。从事特种作业要取得特种作业资格，持证上岗。

（2）有权获得保障生命安全和身体健康的劳动条件和劳动防护用品。

（3）有权对用人单位管理人员违章指挥、强令冒险作业予以拒绝。

（4）有权对危害生命安全和身体健康的行为提出批评、检举和控告。

（5）从事接触职业病危害作业的职工有权获得定期职业健康检查。

（6）发生工伤时，有权得到及时的抢救治疗。

17. 职工有哪些工伤预防和工伤保险的法定义务？

职工参加工伤保险后，享有法定的权利，但是同时也要承担相应的法定义务。职工在工伤保险和工伤预防方面的义务主要有：

（1）职工有义务遵守劳动纪律和用人单位的规章制度，服从本单位负责人的工作安排和指挥。

（2）职工在劳动中必须严格遵守安全操作规程，正确使用劳动防护用品，接受劳动安全卫生教育和培训,配合用人单位积极预防事故和职业病的发生。

(3)职工或者其近亲属报告工伤和申请工伤待遇时,有义务如实反映发生事故和职业病的有关情况和工资收入、家庭有关情况等;当有关部门调查取证时,应当给予配合。

(4)除非紧急情况以外,发生工伤的职工应当到工伤保险签订服务协议的医疗机构进行治疗,对于治疗、康复、评残要接受有关机构的安排,并给予配合。

(5)工伤职工经过劳动能力鉴定确认完全恢复或者部分恢复劳动能力后,可以工作的,要服从用人单位的工作安排。

18. 职工发生工伤事故,用人单位应当采取哪些紧急措施?

由于工伤的发生现场大多在用人单位,因此,用人单位要承担及时救治的责任。职工发生工伤时,用人单位应当采取措施使工伤职工得到及时救治。对受伤较轻的,可以到本单位的内部医疗机构进行简单处理;但对伤情严重的,应当将伤者尽快送到附近有相应处理能力的医疗机构进行抢救。

一方面，用人单位的抢救要抢时间，以满足紧急救治工伤职工的需要；另一方面，用人单位在运送伤员时，一定要讲究方式方法，运用科学的卫生防护手段和技术，使伤情得以控制，以免加重病情。此外，用人单位应当依法及时向有关部门报告，否则要受到相应的处罚。

三、工伤认定

19. 哪些情形应当认定为工伤？

职工有下列情形之一的，应当认定为工伤：

（1）在工作时间和工作场所内，因工作原因受到事故伤害的。

（2）工作时间前后在工作场所内，从事与工作有关的预备性或者收尾性工作受到事故伤害的。

（3）在工作时间和工作场所内，因履行

工作职责受到暴力等意外伤害的。

（4）患职业病的。

（5）因工外出期间，由于工作原因受到伤害或者发生事故下落不明的。

（6）在上下班途中，受到非本人主要责任的交通事故或者城市轨道交通、客运轮渡、火车事故伤害的。

（7）法律、法规规定应当认定为工伤的其他情形。

20. 哪些情形可以视同工伤？

职工有下列情形之一的，视同工伤：

（1）在工作时间和工作岗位，突发疾病死亡或者在 48 小时之内经抢救无效死亡的。

（2）在抢险救灾等维护国家利益、公共利益活动中受到伤害的。

（3）职工原在军队服役，因战、因公负伤致残，已取得革命伤残军人证，到用人单位后旧伤复发的。

21. 哪些情形不得认定为工伤或视同工伤？

职工虽然符合《工伤保险条例》规定的应当认定为工伤或者视同工伤的情形，但是有下列情形之一的，不得认定为工伤或者视同工伤：

（1）故意犯罪的。

（2）醉酒或者吸毒的。

（3）自残或者自杀的。

22. 应当由谁提出工伤认定申请？

工伤保险申请的主体有两类：一是职工所在单位；二是工伤职工或者其近亲属，以及工伤职工所在单位的工会组织。

（1）职工所在单位。工伤事故发生或者职业病被确诊以后，职工所在单位承担首要的工伤认定申请义务。

（2）工伤职工或者其近亲属，以及工伤职工所在单位的工会组织。申请工伤认定是工伤职工的一项基本权利，因此职工本人有提出工伤认定申请的权利。如果受伤职工在医疗机构接受治疗时很难亲自去办理工伤认定申请等事项，工伤职工的近亲属，如配偶、父母、成年子女等，都可以成为工伤认定申请的主体。此外,作为维护职工权益的专门性群众组织的工会,也有权为职工申请进行工伤认定。

23. 应当在什么时间范围内提出工伤认定申请?

职工发生事故伤害或者按照《中华人民共和国职业病防治法》的规定被诊断、鉴定为职业病,所在单位应当自事故伤害发生之日或者被诊断、鉴定为职业病之日起30日内,向统筹地区社会保险行政部门提出工伤认定申请。遇有特殊情况,经报社会保险行政部门同意,申请时限可以适当延长。

如果用人单位没有在规定的时限内提出工伤认定申请的,工伤职工或者其近亲属、工会组织在事故

伤害发生之日或者被诊断、鉴定为职业病之日起1年内，可以直接向用人单位所在地统筹地区社会保险行政部门提出工伤认定申请。在此期间，发生的工伤待遇等有关费用由该用人单位负担。

24. 应当向哪个部门提出工伤认定申请？

申请人应向用人单位所在地统筹地区社会保险行政部门提出工伤认定申请。由省级社会保险行政部门进行工伤认定的事项，根据属地原则由用人单位所在地的设区的市级社会保险行政部门办理。

用人单位在注册地和生产经营地均未参加工伤保险的职工、临时工作人员或农民工，受到事故伤害或者患职业病后，在生产经营地进行工伤认定。

25. 提出工伤认定申请应当提交哪些材料？

提出工伤认定申请应当提交下列材料：

（1）工伤认定申请表。

（2）与用人单位存在劳动关系（包括事实劳动关系）的证明材料。

（3）医疗诊断证明或者职业病诊断证明书（或者职业病诊断鉴定书）。

工伤认定申请表应当包括事故发生的时间、地点、原因以及职工伤害程度等基本情况。

工伤认定申请人提供材料不完整的,社会保险行政部门应当一次性书面告知工伤认定申请人需要补正的全部材料。申请人按照书面告知要求补正材料后,社会保险行政部门应当受理。

26. 应当如何配合工伤认定受理部门的调查核实?

为确保工伤认定结论的客观公正,社会保险行政部门在进行工伤认定时,可以根据需要对有关情况进行调查核实。在调查核实过程中,不同的单位和人员应从不同方面给予配合协助。

被调查的用人单位、工会组织、医疗机构、有关人员等应当协助社会保险行政部门调查,如实反映情况,并提供相应的证据。最后,如果经认定机构实地调查后,用人单位与职工有不同的主张,并且各自提供的材料及证据都不足以支持自己的主张,那么此时应由用人单位承担举证责任。如果用人单位提供的证据不足以推翻工伤职工提供的证据,那么社会保险行政部门可以根据职工提供的材料及证据作出工伤认定决定。

27. 提出工伤认定申请后多久能作出认定决定?

按照规定时间内提出工伤认定申请,属于社会保险行政部门管辖范围,并且在其受

理的时限内的,社会保险行政部门应当受理,对申请人提交的材料进行审核,材料完整的,作出受理或者不予受理的决定;材料不完整的,应当以书面形式一次性告知申请人需要补正的全部材料。社会保险行政部门收到申请人提交的全部补正材料后,应当在15日内作出受理或者不予受理的决定,并出具《工伤认定申请受理决定书》或《工伤认定申请不予受理决定书》。社会保险行政部门自受理工伤认定申请之日起60日内作出认定的决定,并出具《认定工伤决定书》或《不予认定工伤决定书》。

为了简化工伤认定程序,对事实清楚、权利义务明确的工伤认定申请,应当在15日内作出工伤认定的决定。认定决定应当自作出之日起20日内以书面方式送达。送达对象包括工伤职工(或者其近亲属)和该职工所在单位,并同时抄送社会保险经办机构。

28. 医疗诊断证明或者职业病诊断证明书有哪些要求?

出具诊断证明的医疗机构,一般情况下,应是与社会保险经办机构签订工伤保险服务协议的医疗机构;特殊情况下,也可以是非协议医疗机构（例如对受到事故伤害的职工实施急救的医疗机构）。

出具职业病诊断证明的，应是用人单位所在地或者本人居住地的、经省级以上人民政府卫生行政部门批准的承担职业病诊断责任的医疗卫生机构；出具职业病诊断鉴定证明的，应是设区的市级职业病诊断鉴定委员会，或者是省、自治区、直辖市级职业病诊断鉴定委员会。

29. 什么是与用人单位存在劳动关系（包括事实劳动关系）的证明材料？职工个人无法提交怎么办？

劳动关系（包括事实劳动关系）证明材料主要是指劳动合同。无法提交劳动合同的，应根据《关于确立劳动关系有关事项的通知》（劳社部发〔2005〕12号）规定，提交工资支付凭证或记录、工作证、招工登记表、考勤记录及其他劳动者证言等证据，以确认事实劳动关系。

企业应依法与其职工签订劳动合同，职工应妥善保存相关劳动关系的证据。按规定应由用人单位负举证责任而用人单位不提供的，应当承担不利后果。

30. 对工伤认定决定不服怎么办？

职工或者其近亲属、用人单位对不予受理决定不服或者对工伤认定决定不服的，可以依法申请行政复议或者提起行政诉讼。

其中,行政复议是向作出工伤认定决定的同级人民政府法制部门或上一级社会保险行政部门申请,申请复议的期限为收到工伤认定结论之日起60日内。行政诉讼是向作出工伤认定决定的社会保险行政部门所在地法院提起,直接起诉为收到不予受理通知或工伤认定结论之日起6个月内;经行政复议的为收到复议决定之日起15日内。

四、劳动能力鉴定

31. 什么情况下应当进行劳动能力鉴定？

职工发生工伤，经治疗伤情相对稳定后存在残疾、影响劳动能力的，或者停工留薪期满（含劳动能力鉴定委员会确认的延长期限），工伤职工或者其近亲属、用人单位应当及时向设区的市级劳动能力鉴定委员会提出劳动能力鉴定申请。

工伤职工也应结合具体情况，就是否具备工伤康复资格、是否需要安装辅助器具等提出劳动能力鉴定确认申请。

32. 劳动能力鉴定的等级是如何划分的？

劳动能力鉴定是指劳动功能障碍程度和生活自理障碍程度的等级鉴定。

劳动功能障碍分为十个伤残等级，最重的为一级，最轻的为十级。

生活自理障碍分为三个等级：生活完全不能自理、生活大部分不能自理和生活部分不能自理。

劳动能力鉴定标准由国务院社会保险行政部门会同国务院卫生行政部门等部门制定。我国目前使用的是 2014 年由国务院社会保险行政部门会同国务院卫生行政部门等部门制定发布的《劳动能力鉴定 职工工伤与职业病致残等级》（GB/T 16180—2014）。

33. 应当由谁提出劳动能力鉴定申请？

能够提出劳动能力鉴定申请的主体分为三类：

（1）用人单位，即工伤职工所在单位。该职工与用人单位之间存在劳动关系，并且工伤是由于为本单位工作造成的，因此，职工发生事故伤害后，为职工申请工伤认定、劳动能力鉴定，是用人单位的法定责任。

（2）工伤职工，即因工受到事故伤害被认定为工伤的职工本人。职工如果认为工伤受到的伤害可能或已经影响其劳动能力的，可以申请劳动能力鉴定。

（3）工伤职工的近亲属。工伤职工受伤

较为严重,自己提出申请有困难,由其近亲属代为申请,近亲属包括:配偶、子女、父母、兄弟姐妹、祖父母、外祖父母。

34. 申请人应向哪个部门提出劳动能力鉴定申请?

申请人应当向工伤发生所在地设区的市级劳动能力鉴定委员会提出申请。

设区的市级劳动能力鉴定委员会负责本辖区内的劳动能力初次鉴定、复查鉴定。

省、自治区、直辖市劳动能力鉴定委员会负责对初次鉴定或者复查鉴定结论不服提

出的再次鉴定。

35. 提出劳动能力鉴定申请应该提交哪些材料？

申请劳动能力鉴定应当填写劳动能力鉴定申请表，并提交下列材料：

（1）《工伤认定决定书》原件和复印件。

（2）有效的诊断证明、按照医疗机构病历管理有关规定复印或者复制的检查、检验报告等完整病历材料。

（3）工伤职工的居民身份证或者社会保

障卡等其他有效身份证明原件和复印件。

（4）劳动能力鉴定委员会规定的其他材料。

36. 申请人多久会获得劳动能力鉴定结论？

设区的市级劳动能力鉴定委员会在收到劳动能力鉴定申请后，从其建立的医疗卫生专家库中随机抽取3名或者5名相关专家组成专家组，由专家组提出鉴定意见。设区的市级劳动能力鉴定委员会根据专家组的鉴定意见作出工伤职工劳动能力鉴定结论；必要时，可以委托具备资格的医疗机构协助进行有关的诊断。

设区的市级劳动能力鉴定委员会在收到劳动能力鉴定申请之日起60日内，作出

劳动能力鉴定结论，必要时，作出劳动能力鉴定结论的期限可以延长30日。劳动能力鉴定结论将及时送达申请鉴定的单位和个人。

37.对劳动能力鉴定结论不服怎么办？

申请鉴定的单位或者个人对设区的市级劳动能力鉴定委员会作出的初次鉴定结论不服的，可以在收到该鉴定结论之日起15日内向省、自治区、直辖市劳动能力鉴定委员会提出再次鉴定申请。省、自治区、直辖市劳动能力鉴定委员会作出的劳动能力鉴定结论为最终结论。

38. 工伤伤残更加严重了怎么办？

自劳动能力鉴定结论作出之日起1年后，工伤职工或者其近亲属、所在单位或者经办机构认为伤残情况发生变化的，可以申请劳动能力复查鉴定。

劳动能力复查鉴定，是指已经劳动能力鉴定的工伤职工，在劳动能力鉴定结论作出1年后，工伤职工或者其近亲属、所在单位或者经办机构认为伤残情况发生变化，向劳动能力鉴定委员会提出复查鉴定申请,劳动能力鉴定委员会依据国家标准对其进行鉴定,作出新的劳动能力鉴定结论的鉴定,享受相应的工伤保险待遇。

　　劳动能力复查鉴定结论在收到劳动能力复查鉴定申请之日起 60 日内作出。特殊情况下,复查鉴定申请期限可以适当延长,但延长期不会超过 30 日。

五、工伤保险待遇

39. 工伤后就医有什么要求？费用报销有什么要求？

职工治疗工伤应当在签订服务协议的医疗机构就医，情况紧急时可以先到就近的医疗机构急救。

治疗工伤所需费用符合工伤保险诊疗项目目录、工伤保险药品目录、工伤保险住院服务标准的，从工伤保险基金支付。

工伤职工治疗非工伤引发的疾病，不享受工伤医疗待遇。

40. 参保工伤职工医疗期间能享受哪些待遇？

参保工伤职工在停工留薪期内，原工资福利待遇不变，由所在单位按月支付，停工留薪期一般不超过 12 个月。伤情严重或情况特殊的，经劳动能力鉴定委员会确认，可适当延长，但延长期不得超过 12 个月。生活不能自理的工伤职工在停工留薪期需要护理的，由所在单位负责。具体待遇如下：

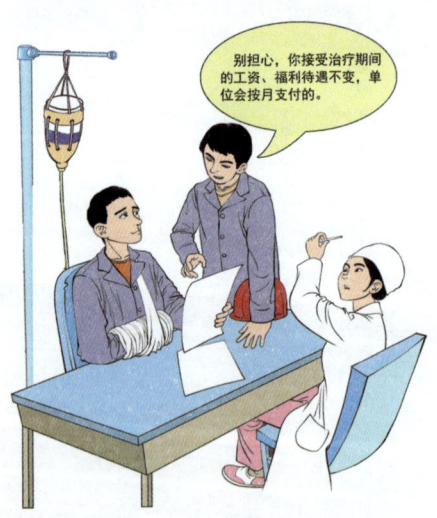

项目	计发基数及标准	支付方式
医疗费	签订服务协议的医疗机构内，符合规定范围内的医疗费	基金支付
康复费	签订服务协议的医疗机构内，符合规定范围内的康复费	基金支付
辅助器具费	经劳动能力鉴定委员会确认需安装辅助器具的，发生符合支付标准的辅助器具配置费用	基金支付
住院伙食补助费	职工治疗工伤的伙食费用，按当地标准支付	基金支付
异地就医交通食宿费	经医疗机构出具证明，报经办机构同意，工伤职工到统筹地区以外就医所需的交通、食宿费用，按当地标准支付	基金支付
工资福利	停工留薪期间，按原工资福利待遇支付	单位支付
护理	生活不能自理的工伤职工在停工留薪期间需要护理的	单位负责

41. 参保工伤职工劳动能力鉴定后有哪些一次性待遇？

工伤医疗终结后一次性发放待遇（一至十级伤残）：

项目	计发基数	计发标准		支付方式
一次性伤残补助金	本人工资	一级	27个月	基金支付
		二级	25个月	
		三级	23个月	
		四级	21个月	
		五级	18个月	
		六级	16个月	
		七级	13个月	
		八级	11个月	
		九级	9个月	
		十级	7个月	
一次性工伤医疗补助金	按各地具体制定的标准执行	五至十级	按各地具体制定的标准执行	终止劳动关系和工伤保险关系时，基金支付
一次性伤残就业补助金	按各地具体制定的标准执行	五至十级	按各地具体制定的标准执行	终止劳动关系和工伤保险关系时，单位支付

42. 参保工伤职工劳动能力鉴定后可以定期获得哪些长期待遇？

工伤医疗终结后定期发放的待遇：

项目	计发基数	计发标准		支付方式
伤残津贴	本人工资	一级	90%	基金按月支付
		二级	85%	
		三级	80%	
		四级	75%	
		五级	70%	保留劳动关系，难以安排工作的，由单位按月支付
		六级	60%	
生活护理费	统筹地区上年度职工月平均工资	完全不能自理	50%	基金按月支付
		大部分不能自理	40%	
		部分不能自理	30%	

43. 一至四级伤残职工有哪些工伤待遇？

职工因工致残被鉴定为一至四级伤残的，保留劳动关系，退出工作岗位，享受以下待遇：

（1）从工伤保险基金按伤残等级支付一次性伤残补助金。

（2）从工伤保险基金按月支付伤残津贴，伤残津贴实际金额低于当地最低工资标准的，由工伤保险基金补足差额。

（3）工伤职工达到退休年龄并办理退休

手续后，停发伤残津贴，按照国家有关规定享受基本养老保险待遇。基本养老保险待遇低于伤残津贴的，由工伤保险基金补足差额。

职工因工致残被鉴定为一至四级伤残的，由用人单位和职工个人以伤残津贴为基数，缴纳基本医疗保险费。

44. 五至六级伤残职工有哪些工伤待遇？

职工因工致残被鉴定为五至六级伤残的，享受以下待遇：

（1）从工伤保险基金按伤残等级支付一次性伤残补助金。

（2）保留与用人单位的劳动关系，由用人单位安排适当工作。难以安排工作的，由用人单位按月发给伤残津贴。伤残津贴实际金额低于当地最低工资标准的，由用人单位补足差额。

经工伤职工本人提出，该职工可以与用人单位解除或者终止劳动关系，由工伤保险基金支付一次性工伤医疗补助金，由用人单位支付一次性伤残就业补助金。一次性工伤医疗补助金和一次性伤残就业补助金的具体标准由省、自治区、直辖市人民政府规定。

第一部分 工伤保险知识

45. 七至十级伤残职工有哪些工伤待遇？

职工因工致残被鉴定为七至十级伤残的，享受以下待遇：

（1）从工伤保险基金按伤残等级支付一次性伤残补助金。

（2）劳动、聘用合同期满终止，或者职工本人提出解除劳动、聘用合同的，由工伤保险基金支付一次性工伤医疗补助金，由用人单位支付一次性伤残就业补助金。一次性工伤医疗补助金和一次性伤残就业补助金的具体标准由省、自治区、直辖市人民政府规定。

46. 职工因工死亡有哪些待遇？

职工因工死亡，其近亲属按照下列规定从工伤保险基金领取丧葬补助金、供养亲属抚恤金和一次性工亡补助金：

项目	计发基数	计发标准	支付方式
丧葬补助金	统筹地区上年度职工月平均工资	6个月	基金支付
一次性工亡补助金	上一年度全国城镇居民人均可支配收入	20倍	基金支付

续表

		配偶	40%	
供养亲属抚恤金	本人工资	其他亲属	30%	基金按月支付,符合工亡职工供养范围条件的亲属可领取
		孤寡老人或者孤儿每人每月在上述标准的基础上增加10%,核定的各供养亲属的抚恤金之和不应高于因工死亡职工生前的工资		

47. 职工因工下落不明有哪些待遇?

职工因工外出期间发生事故或者在抢险救灾中下落不明的,从事故发生当月起3个

月内照发工资,从第4个月起停发工资,由工伤保险基金向其供养亲属按月支付供养亲属抚恤金。生活有困难的,可以预支一次性工亡补助金的50%。

职工被人民法院宣告死亡的,按照职工因工死亡的规定处理。

48. 所在企业破产了,工伤职工相关待遇怎么办?

企业破产的,在破产清算时优先拨付依法应由单位支付的工伤保险待遇费用。

对于已参加工伤保险的破产、解散企业,按照规定应当将应由本企业向工伤职工及工亡职工供养亲属支付的各项工伤保险待遇及按期应缴纳的工伤保险费等费用,列入第一顺序清偿;对于未参加工伤保险的破产、解散企业,法律规定的其他各项工伤保险待遇费用,也应当由企业负担,并按照第一顺序优先清偿。

49. 职工工伤复发和再次发生工伤有哪些待遇?

(1)工伤复发。工伤职工工伤复发,确认需要治疗的,可以享受工伤医疗相关待遇;

第一部分 工伤保险知识

需要配置辅助器具的,可以按照规定配置,所需费用按照国家规定标准从工伤保险基金中支付。

（2）工伤职工再次发生工伤,与工伤职工工伤复发不同,它是指工伤职工遭受两次或两次以上的事故伤害或患职业病,如果再次遭受工伤事故或患职业病加剧了工伤职工的病情,治疗后需经劳动能力鉴定委员会重新评定伤残等级,并根据规定享受新定的、相应的伤残待遇。

50. 哪些情形下应当停止享受工伤待遇？

工伤职工有下列情形之一的，停止享受工伤保险待遇：

(1) 丧失享受待遇条件的。

(2) 拒不接受劳动能力鉴定的。

(3) 拒绝治疗的。

一、试题

1. 依据《工伤保险条例》,用人单位必须为职工办理参加哪种保险?

    A. 工伤保险

    B. 意外伤害险

2. 参加工伤保险谁交钱?

    A. 用人单位缴费,职工个人不缴费

    B. 职工个人缴费

3. 建筑企业为工地上使用的农民工可以通过哪种方式参加工伤保险?

A. 把参保费用直接发给农民工

B. 按照项目参保,施工项目使用的农民工全覆盖

4. 用人单位是否应当将参加工伤保险的有关情况在本单位内公示?

A. 是

B. 否

5. 发生工伤事故后,向谁申领工伤保险待遇?

A. 从老板那里私了

B. 依法向社保部门申请工伤认定,并经过劳动能力鉴定和待遇审核后领取相关待遇

6. 发生工伤后,由谁提出工伤认定申请?

A. 单位在1个月内,或工伤职工、亲属、工会在1年内,向人社部门工伤保险行政部门提出

B. 只能单位提出,个人不可以提出

7. 工伤职工暂停工作接受工伤医疗期间,工资福利待遇如何支付?

A. 原工资福利待遇不变,由所在单位按月支付

B. 所在单位停发工资,自行解决

第二部分 工伤保险知识测试题

8. 工伤认定中的劳动关系如何确认？

A．必须有书面劳动合同才能确认

B．有书面劳动合同可以确认；有工资条、工作证、招工登记表、考勤记录及其他劳动者证言等证据也可以确认

9. 劳动能力鉴定的伤残等级一共分为几级？

A．5 级

B．10 级

10. 想要咨询工伤保险相关政策，可以拨打哪个电话？

A．12333

B．12306

11. 遇到用人单位的管理人员违章指挥、强令冒险作业时，职工应该怎么办？

A．绝对服从

B．有权予以拒绝

12. 职工在上下班途中，受到非本人主要责任的交通事故或者城市轨道交通、客运轮渡、火车事故伤害的，能认定为工伤吗？

A．不能认定为工伤

B．应当认定为工伤

13. 职工在工作时间和工作岗位，突发疾病死亡或者在 48 小时之内经抢救无效死亡的，可以视同为工伤吗？

A. 视同工伤

B. 不视同工伤

14. 职工在工作时间和工作岗位发生事故时处于醉酒状态，能认定为工伤或者视同工伤吗？

A. 可以

B. 不可以

15. 职工或者其近亲属、用人单位对工伤申请不予受理通知不服或者对工伤认定决定不服的，能依法申请行政复议或者提起行政诉讼吗？

A. 可以

B. 不可以

16. 如需劳动能力鉴定，应向哪个部门提出申请？

A. 设区的市级劳动能力鉴定委员会

B. 设区的市级安全生产监督管理局

17. 如对劳动能力初次鉴定或者复查鉴定结论不服的，提出再次鉴定应向哪个部门申请？

A．设区的市级劳动能力鉴定委员会

B．省、自治区、直辖市劳动能力鉴定委员会

18. 工伤职工或者其近亲属、所在单位或者经办机构认为伤残情况发生变化的，可否申请劳动能力复查鉴定？

A．可以

B．不可以

19. 职工因工死亡，其近亲属按照规定可以从工伤保险基金领取哪些待遇补偿？

A．丧葬补助金

B．丧葬补助金、供养亲属抚恤金和一次性工亡补助金

20. 工伤职工工伤复发，确认需要治疗的，可以享受工伤医疗待遇吗？

A．可以

B．不可以

二、参考答案

1. A   2. A   3. B   4. A   5. B

6. A   7. A   8. B   9. B   10. A

11. B   12. B   13. A   14. B   15. A

16. A   17. B   18. A   19. B   20. A